Conoce los
Estados Unidos de América

Bobbie Kalman y Niki Walker

🌱 Crabtree Publishing Company

www.crabtreebooks.com

Creado por Bobbie Kalman

Para Niki, Josh, y Jack, de Bobbie con amor

Editora en jefe
Bobbie Kalman

Equipo de redacción
Bobbie Kalman
Niki Walker

Editora
Robin Johnson

Investigación fotográfica
Crystal Sikkens

Diseño
Bobbie Kalman
Katherine Kantor
Robert MacGregor
  (portada)

Coordinadora de producción
Katherine Kantor

Consultor lingüístico
Dr. Carlos García, M.D., Maestro bilingüe de Ciencias, Estudios Sociales y Matemáticas

Ilustraciones
Barbara Bedell: páginas 14-15 (parte inferior), 23 (centro)
Katherine Kantor: páginas 4, 5, 6-7, 8
Bonna Rouse: contraportada (águila), página 12, 14 (parte superior),
  15 (parte superior), 23 (parte inferior), 28 (parte superior izquierda)
Margaret Amy Salter: página 24 (parte superior)

Fotografías
© Crabtree Publishing Company: página 16
The Granger Collection, New York: páginas 22 (derecha), 24 (parte inferior)
© iStockphoto.com: páginas 12 (parte superior izquierda), 26 (parte superior),
  29 (derecha), 31 (máscara)
© 2008 Jupiterimages Corporation: páginas 6 (izquierda), 13 (parte inferior),
  17 (parte superior)
Library of Congress. World Telegram & Sun photo by Dick DeMarsico:
  página 27 (parte superior)
© ShutterStock.com: contraportada, páginas 1, 3, 5, 6 (derecha), 8, 9, 10, 11, 12 (parte
  inferior derecha), 13 (todas excepto la parte inferior), 17 (parte inferior), 18, 19, 21,
  22 (izquierda), 25, 27 (parte inferior), 28 (parte inferior derecha), 29 (izquierda),
  30, 31 (parte superior, centro derecha, y parte inferior izquierda)
Otras imágenes de Digital Stock, Digital Vision y Image Club Graphics

Traducción
Servicios de traducción al español y de composición de textos suministrados
  por translations.com

Library and Archives Canada Cataloguing in Publication

Kalman, Bobbie, 1947-
      Conoce los Estados Unidos de América / Bobbie Kalman y
Niki Walker.

(Conoce mi país)
Translation of: Spotlight on the United States of America.
Includes index.
ISBN 978-0-7787-8196-7 (bound).--ISBN 978-0-7787-8216-2 (pbk.)

      1. United States--Juvenile literature. I. Walker, Niki, 1972- II.
Title. III. Series: Conoce mi país

E156.K3318 2010   j973   C2009-902448-9

Library of Congress Cataloging-in-Publication Data

Kalman, Bobbie.
  [Spotlight on the United States of America. Spanish]
  Conoce los Estados Unidos de América / Bobbie Kalman and Niki Walker.
      p. cm. -- (Conoce mi país)
  Translation of: Spotlight on the United States of America.
  Includes index.
  ISBN 978-0-7787-8216-2 (pbk. : alk. paper) -- ISBN 978-0-7787-8196-7
(reinforced library binding : alk. paper)
      1. United States--Juvenile literature. I. Walker, Niki, 1972- II. Title. III. Series.

  E156.K33718 2010
  973--dc22

2009016816

Crabtree Publishing Company

www.crabtreebooks.com   1-800-387-7650

Publicado en Canadá
Crabtree Publishing
616 Welland Ave.
St. Catharines, Ontario
L2M 5V6

Publicado en los Estados Unidos
Crabtree Publishing
PMB16A
350 Fifth Ave., Suite 3308
New York, NY 10118

Publicado en el Reino Unido
Crabtree Publishing
White Cross Mills
High Town, Lancaster
LA1 4XS

Publicado en Australia
Crabtree Publishing
386 Mt. Alexander Rd.
Ascot Vale (Melbourne)
VIC 3032

Contenido

Los Estados Unidos

¡Bienvenidos a los Estados Unidos de América! Los Estados Unidos de América también se conocen como los Estados Unidos, América o EE. UU. Los Estados Unidos es un **país**. Un país es una zona de tierra en donde viven personas. Tiene **leyes** o reglas que las personas deben cumplir. Un país también tiene **fronteras** que lo separan de los países vecinos. Los Estados Unidos tiene dos vecinos. Canadá es el vecino que se encuentra al norte. México es el vecino que se encuentra al sur.

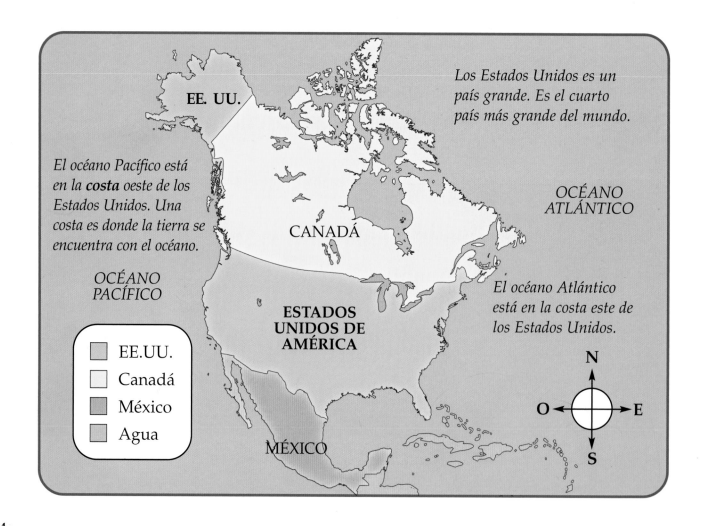

EE. UU.

Los Estados Unidos es un país grande. Es el cuarto país más grande del mundo.

*El océano Pacífico está en la **costa** oeste de los Estados Unidos. Una costa es donde la tierra se encuentra con el océano.*

CANADÁ

OCÉANO ATLÁNTICO

OCÉANO PACÍFICO

ESTADOS UNIDOS DE AMÉRICA

El océano Atlántico está en la costa este de los Estados Unidos.

EE.UU.
Canadá
México
Agua

MÉXICO

N
O — E
S

¿Dónde está los Estados Unidos?

Los Estados Unidos forma parte del **continente** de América del Norte. Un continente es una zona de tierra inmensa. En la Tierra hay siete continentes: América del Norte, América del Sur, Europa, Asia, África, Antártida y Australia y Oceanía. Busca todos los continentes en el mapa de abajo.

¿Cuáles son los dos continentes que puedes ver en el globo terráqueo que sostiene la niña?

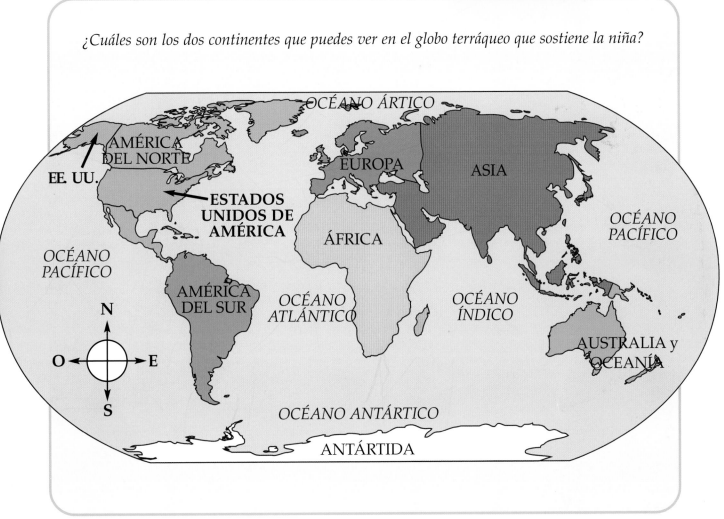

50 estados

Los Estados Unidos está formado por cincuenta **estados**. Cuarenta y ocho de los estados están ubicados entre Canadá y México. Dos estados, Alaska y Hawái, no tocan los otros estados. Alaska está en el extremo norte. Canadá lo separa del resto de Estados Unidos. Hawái es un grupo de **islas** en el océano Pacífico. Las islas son porciones de tierra que están rodeadas de agua.

OCÉANO PACÍFICO

Alaska es un lugar en donde hace mucho frío. La tierra está cubierta de nieve y hielo. Los zorros árticos viven allí.

*En Hawái, el clima es templado todo el año. Hay olas marinas inmensas. Es un gran lugar para practicar **surf**. El surf consiste en subirse a las olas en una tabla especial.*

El río más largo de Estados Unidos es el río Misisipi.

DAKOTA DEL NORTE
• Bismarck

MINNESOTA

GRANDES LAGOS

NUEVO HAMPSHIRE
Concord

MAINE
Augusta

VERMONT
Montpelier

DAKOTA DEL SUR
• Pierre

Saint Paul

MICHIGAN

Boston

MASSACHUSETTS

WISCONSIN
Madison

Lansing

Albany

NUEVA YORK

Providence

RHODE ISLAND

Hartford

CONNECTICUT

IOWA

INDIANA OHIO

PENSILVANIA
Harrisburg •

Trenton

NUEVA JERSEY

NEBRASKA
Lincoln

Des Moines

ILLINOIS
Springfield

Columbus

Indianápolis

VIRGINIA OCCIDENTAL

Dover

DELAWARE

Annapolis

Topeka

Jefferson City •

Frankfort

Charleston Richmond

MARYLAND

Washington, D.C.

KANSAS

MISURI

KENTUCKY

VIRGINIA

Raleigh •

OCÉANO ATLÁNTICO

Oklahoma • City

ARKANSAS

TENNESSEE
• Nashville

CAROLINA DEL NORTE

OKLAHOMA

Little Rock •

Columbia

CAROLINA DEL SUR

Atlanta •

ALABAMA

TEXAS

MISISIPI
• Jackson

Montgomery •

GEORGIA

• Tallahassee

Washington, D.C. es la **capital** de los Estados Unidos. D.C. es una abreviatura que significa Distrito de Columbia. No es un estado. La ciudad de Washington ocupa todo el Distrito de Columbia.

LUISIANA
Baton Rouge •

• Austin

GOLFO DE MÉXICO

Una **península** es una zona de tierra casi toda rodeada de agua. →

FLORIDA

Alaska está al oeste de Canadá.

(CANADÁ)

ALASKA

Juneau •

HAWÁI

Honolulu •

Hawái está compuesta de ocho islas principales y algunas islas más pequeñas.

El territorio

El desierto de arriba tiene montañas en la parte de atrás. Este paisaje está en el área del sudoeste de los Estados Unidos. El clima en esta área es caluroso y seco.

Los Estados Unidos tiene muchos **paisajes**. Un paisaje es la forma en la que se ve la tierra. Entre los paisajes se encuentran bosques, montañas, **desiertos**, playas y **llanuras**. Las llanuras son áreas llanas con mucho pasto. Los Estados Unidos también tiene **climas** diferentes. El clima es el tiempo habitual en un área.

Cinco regiones

Los Estados Unidos se puede dividir en cinco **regiones** o áreas. En este mapa se muestran las cinco regiones: el noroeste, el sudoeste, la región central, el noreste y el sudeste. Cada región está formada por varios estados. Los estados en cada región tienen paisajes y climas similares.

NOROESTE

SUDOESTE

REGIÓN CENTRAL

NORESTE

SUDESTE

El noroeste es cálido casi todo el año. En esta región llueve mucho. Allí hay bosques densos con árboles inmensos.

El noreste tiene inviernos fríos y veranos cálidos. Algunos de los estados están en la costa. Maine es uno de los estados que están en la costa.

La región central también tiene inviernos fríos y veranos cálidos. Algunas partes de esta región son llanas y secas. El pasto, el trigo y el maíz crecen bien allí.

El sudeste es cálido o caluroso durante todo el año. En esta región llueve mucho y a menudo hay **huracanes**. Los huracanes son tormentas de vientos peligrosas.

Plantas y animales

En los Estados Unidos crecen muchas clases de plantas. También viven muchas clases de animales. Las plantas y los animales están adaptados a los **hábitats** o los lugares naturales donde viven y crecen. Algunas plantas y animales se encuentran solamente en una región. Otros se encuentran en todo los Estados Unidos.

*Los caimanes viven en los **pantanos** del sudeste. Los pantanos son áreas húmedas y llanas con muchas plantas.*

Las iguanas viven en los desiertos del sudoeste. Comen cactos que crecen en los desiertos.

10

En muchas regiones del norte de los Estados Unidos hay bosques de **coníferas**. Las coníferas son árboles que producen conos. Las hojas parecen agujas. El alce come las hojas de las coníferas. No muchos otros animales pueden comer estas hojas filosas.

Los pumas, también llamados leones de montaña, viven en muchos hábitats de los Estados Unidos. Pueden vivir en lo alto de las montañas o en los bosques del norte. Algunos pumas incluso viven en los calurosos **bosques tropicales**.

Los estadounidenses

Las personas que viven en los Estados Unidos se llaman estadounidenses. Algunas familias estadounidenses han vivido en los Estados Unidos durante cientos de años. Otros estadounidenses han llegado al país desde distintas partes del mundo. Han traído partes de sus **culturas** o estilos de vida a los Estados Unidos.

Millones de personas

La **población** de los Estados Unidos es inmensa. Población es la cantidad de personas que viven en un país. En los Estados Unidos viven más de 301 millones de personas.

La cultura estadounidense es popular en todo el mundo.

Los rostros de los Estados Unidos

En los Estados Unidos viven personas con diferentes orígenes. Estos niños no tienen la misma apariencia, pero todos son estadounidenses.

La mayoría de los estadounidenses hablan inglés, pero muchos también hablan español.

13

Nativos americanos

tipi

Los nativos americanos fueron las primeras personas que vivieron en los Estados Unidos. Cientos de **naciones** o grupos vivieron en toda América del Norte durante miles de años. Cada nación tenía su propio idioma, líderes y costumbres. Algunas naciones vivían en el noreste, donde cultivaban maíz y otros alimentos. Otros vivían en las llanuras, donde cazaban búfalos por su carne y su **cuero** o piel.

*(izquierda) Las personas que cazaban búfalos vivían en hogares llamados **tipis**. Estos estaban hechos con los pellejos de los búfalos.*

Muchas naciones nativas vivían alrededor de los Grandes Lagos.

pueblo

Las personas que vivían en el sudoeste construyeron hogares inmensos llamados **pueblos**. Los pueblos estaban hechos con arcilla y barro.

Las colonias

Hace cientos de años, los Estados Unidos no era un país. Vivían solamente los pueblos nativos. En los siglos XVI y XVII, otros países se apoderaron de algunas regiones de América del Norte. Inglaterra, Francia y España establecieron **colonias** allí. Una colonia es un lugar gobernado por un país lejano. Las personas que vivían en las colonias se llamaban **colonos**.

*Los colonos ingleses al principio se **establecieron** o vivieron en la región donde hoy es el estado de Virginia. Los colonos cruzaron el océano Atlántico en barco. Construyeron un fuerte en la costa llamado James Fort.*

Las trece colonias

En el siglo XVIII, Inglaterra tenía trece colonias en la costa del océano Atlántico. El Rey de Inglaterra controlaba las colonias. Los colonos debían obedecer las leyes que dictaba el rey. También debían pagar **impuestos** al rey sobre todo el dinero que ganaran.

Algunos colonos eran muy ricos.

*El **gobernador** tomaba las decisiones en nombre del Rey de Inglaterra. Vivía en un hermoso palacio en Williamsburg, Virginia.*

Lucha por la libertad

A fines del siglo XVIII, muchas personas en las colonias querían la **independencia**. Independencia es la libertad de poder gobernar su propio país. Los colonos tuvieron que luchar contra Inglaterra para obtener su independencia. Esta lucha se llamó la **Revolución Estadounidense**. Una revolución es una guerra contra los gobernantes de un país. La **Guerra de la Revolución Estadounidense** comenzó en 1775.

¡Yo proclamo!

La **Declaración de la Independencia** se escribió durante la Revolución Estadounidense. Este **documento** declaraba que los colonos querían escribir sus propias leyes en su propio país. También incluía quejas acerca de Inglaterra y el rey. Los líderes de las colonias la firmaron el 4 de julio de 1776.

Thomas Jefferson escribió la Declaración de la Independencia. Esta ilustración lo muestra con otros dos hombres que la firmaron.

Los estadounidenses ganaron la revolución en 1781. Las trece colonias se convirtieron en los Estados Unidos de América. En 1789, George Washington se convirtió en el primer **presidente** estadounidense.

George Washington

El gobierno

*El presidente vive y trabaja en la Casa Blanca en Washington, D.C. El **vicepresidente** también trabaja allí.*

Los estadounidenses tuvieron que decidir cómo gobernar su país. No querían que un solo gobernante tuviera todo el poder, como lo tenía el Rey de Inglaterra. Crearon un conjunto de reglas que el **gobierno** debía cumplir. Un gobierno está a cargo de un país o de una parte de este. El conjunto de reglas que el gobierno cumple se llama la **Constitución**.

La democracia

Los Estados Unidos es una **república federal**. El gobierno de una república federal es una **democracia**. En una democracia, las personas **eligen** o escogen a sus líderes. Los estadounidenses eligen un presidente cada cuatro años. El presidente es el jefe del gobierno. El gobierno escribe leyes en el Capitolio de los Estados Unidos que se muestra a la derecha.

*La Corte Suprema de los Estados Unidos está compuesta de nueve **jueces** o magistrados. Los jueces garantizan que las leyes sean justas y que las personas las cumplan.*

*Los estadounidenses **votan** para elegir a su presidente.*

21

Hacia el oeste

Cuando los Estados Unidos se convirtió en país, era mucho más pequeño que hoy en día. Luego, en 1803, el presidente Thomas Jefferson compró una zona inmensa de tierra a Francia. Esto se llamó la **compra de Luisiana**. Los Estados Unidos también compró tierra en el oeste a México.

El presidente Jefferson envió a dos hombres para que exploraran el territorio. Meriwether Lewis y William Clark viajaron hasta el océano Pacífico. Ellos confeccionaron mapas y escribieron notas acerca del oeste.

Una nativa americana llamada Sacagawea ayudó a los exploradores para que no tuvieran problemas en su viaje.

En el siglo XIX, muchos estadounidenses se desplazaron hacia el oeste. Querían construir sus casas en su propia tierra. Al principio, los **pioneros** realizaron el largo viaje a través del país en carretas. Una larga fila de carretas que viajaban juntas se llamaba **caravana de carretas**.

caravana de carretas

Cada vez más personas se desplazaron hacia el oeste. Construyeron granjas, ranchos y **pueblos de rápido crecimiento**. Los pueblos de rápido crecimiento eran pueblos que se desarrollaron con velocidad. Luego, se construyó una línea de ferrocarril a través de todos los Estados Unidos y muchas más personas se establecieron en el oeste.

rancho

pueblo de rápido crecimiento

El fin de la esclavitud

En el siglo XVII, los colonos enviaron barcos a África para traer **esclavos**. Los esclavos son personas que le pertenecen a alguien más. Son forzados a trabajar mucho y no se les paga. Durante cientos de años, los afroamericanos fueron esclavos en el sur. Algunas personas ayudaron a los esclavos a escapar a los estados del norte o a Canadá, donde podían ser libres. Este grupo de personas se conoció como el **Ferrocarril Subterráneo**.

Las personas en el Ferrocarril Subterráneo escondían a los esclavos en las carretas y las casas. Los ayudaban a viajar hacia el norte en busca de seguridad.

Esta imagen muestra cómo era una batalla durante la Guerra Civil.

La Guerra Civil

Las personas en el norte querían **abolir** o poner fin a la esclavitud en los Estados Unidos. Pelearon en una guerra para detener la esclavitud. Esta guerra se llamó la **Guerra Civil**. Fue una guerra entre dos grupos de estadounidenses. Los soldados de los estados del norte estaban en el **Ejército de la Unión**. Lucharon contra el **Ejército Confederado** de los estados del sur. En 1865, el norte ganó la guerra. El presidente Abraham Lincoln ordenó la **emancipación** de los esclavos en los Estados Unidos. Emancipación quiere decir dejar en libertad.

Esta es una estatua de Abraham Lincoln con la bandera de los Estados Unidos.

El Ejército Confederado llevaba esta bandera.

Días festivos

Los estadounidenses celebran muchos días festivos. Algunos son **días festivos nacionales**. Las festividades nacionales honran eventos o personas importantes de la historia de un país. En estas páginas se muestran algunas festividades nacionales que se celebran en los Estados Unidos.

El **Cuatro de julio** es el día festivo nacional más grande. También se llama el **Día de la Independencia**. El Día de la Independencia celebra el día en que se firmó la Declaración de la Independencia. Los estadounidenses consideran este día como el "cumpleaños" de su país. Lo celebran con desfiles, fiestas y fuegos artificiales.

El **Día de Martin Luther King** se celebra el tercer lunes de enero. Martin Luther King Jr., que se ve a la derecha, realizó un gran esfuerzo en la década de 1960 para lograr la **igualdad** para los afroamericanos. Igualdad significa tratar a las personas por igual.

El **Día de Conmemoración a los Caídos** es el último lunes de mayo. En esta fecha, los estadounidenses recuerdan a las personas que lucharon y murieron por su país.

El **Día de Acción de Gracias** se celebra el cuarto jueves de noviembre. En esta fecha, los estadounidenses reflexionan sobre aquellas cosas por las que están agradecidos. La mayoría de las personas celebran cenando pavo con sus familias.

Símbolos

Estas páginas muestran algunos de los **símbolos** estadounidenses. Un símbolo es una imagen o una figura que **representa** o significa otra cosa. Algunos símbolos representan países, poder o libertad. Averigua qué representan cada uno de estos símbolos estadounidenses.

El águila calva

El águila calva es el símbolo de los Estados Unidos. Es un ave grande y fuerte que se eleva alto y vuela con libertad. Las águilas calvas solo viven en América del Norte.

La bandera

La bandera de los Estados Unidos se conoce como la **bandera de las franjas y las estrellas**, la **bandera llena de estrellas**, y la bandera **Old Glory**. Las trece franjas rojas y blancas representan las trece colonias. La bandera tiene cincuenta estrellas, una por cada uno de los estados de los Estados Unidos.

La Estatua de la Libertad

La **Estatua de la Libertad** es un símbolo de libertad. Por un lado, la estatua sostiene una antorcha que simboliza la **libertad**. Y por el otro lado, sostiene una placa que tiene escrito "4 de julio de 1776". La Estatua de la Libertad fue un regalo de Francia para los Estados Unidos.

La Campana de la Libertad

La **Campana de la Libertad** es otro símbolo de libertad para los estadounidenses. Esta gran campana sonó la primera vez que se leyó en público la Declaración de la Independencia. Esta se leyó el 8 de julio de 1776 en Filadelfia, Pensilvania.

29

Adivina la ciudad

A los Estados Unidos se lo conoce por sus hermosas e interesantes ciudades. ¿Cuánto conoces de ellas? Por ejemplo, ¿qué ciudad tiene la calle con más curvas del mundo? Responde estas preguntas y averigua cuánto sabes sobre las ciudades de los Estados Unidos.

1. (arriba) La calle Lombard es el nombre de la calle con más curvas. ¿En qué ciudad de los Estados Unidos se encuentra?

2. (izquierda) ¿Qué ciudad tiene cascadas inmensas? Pista: Canadá comparte estas cascadas con los Estados Unidos.

3. ¿Qué ciudad pertenece a los Estados Unidos pero se encuentra lejos en el océano? Pista: Tiene playas hermosas y clima cálido durante todo el año.

4. ¿Qué ciudad tiene este letrero? Pista: Esta ciudad es famosa por las películas y los actores y actrices de cine.

6. ¿Qué ciudad es conocida por sus edificios altos y por tener muchos teatros?

5. ¿Qué ciudad es conocida por su música, desfiles y celebraciones llamados Mardi Gras? Pista: El huracán Katrina causó mucho daño en esta ciudad en 2005.

antifaz de Mardi Gras

Respuestas:
1. San Francisco, California
2. Cataratas del Niágara, Nueva York
3. Honolulu, Hawái
4. Los Angeles, California
5. Nueva Orleans, Luisiana
6. Nueva York, Nueva York

31

Glosario

Nota: Algunas palabras en negrita están definidas en el lugar en que aparecen en el libro.

bosque tropical (el) Un bosque denso en donde llueve mucho

capital (la) La ciudad en la que se encuentra el gobierno de un país o un estado

colonia (la) Área que pertenece a un país que se encuentra lejos y que es gobernado por ese mismo país

democracia (la) Un sistema de gobierno administrado por líderes elegidos por el pueblo

desierto (el) Una zona calurosa en donde llueve muy poco

documento (el) Una hoja que contiene información importante

elegir Escoger un líder a través del voto

estado (el) Una región de un país que tiene sus propias personas, líderes y reglas

gobernador (el) La persona que representaba al rey en las trece colonias

impuesto (el) Dinero que se paga al gobierno

libertad (la) La libertad de poder hacer algo, hablar y pensar como uno quiera

pionero (el) Una persona que vive en un lugar antes de que lleguen otras personas

presidente (el) El líder de un país

vicepresidente (el) La persona que es segunda en jerarquía con respecto al presidente y que lo reemplaza cuando es necesario

votar Elegir a una persona de una lista de personas

Índice